이상범 시집

1967년 『일식권』(금자각) / 1976년 『가을입문』(분도출판사) / 1979년 『묵향가에 • 미닫이가에』(우석출판사) / 1980년 『아, 지상은 빛나는 소멸』(문학신조사) / 1985년 『꽃 • 화두』(영인문화사) / 1987년 『하늘의 입김 • 땅의 숨결』 난시화집(청담문학사) / 1989년 『시가 이 지상에 남아』(청담문학사) / 1990년 『내 영혼 은 스푼은』(민족과 문학사) / 1993년 『하늘 아래 작은 집』(토방출판사) / 1994년 『고요 시법』(토방출판사) / 1995년 『오두막집 行行』 펜화시집(토방출판사) / 1997년 『별』 대표시집(동학사) / 2000년 『신전의 가을』(동학사) / 2000년 『꿈꾸는 별자리』(태학사) / 2001년 『풀빛 화두』(책 만드는 집) / 2004년 『풀무치를 위한 명상』(동학사) / 2004년 『시인의 감성화첩』 시화〈칼라〉집(토방출판사) / 2007년 『꽃에게 바치다』 디카시집 • 1(토방출판사) / 2011년 『풀꽃시경詩經』 디카시집 • 2(동학사) / 경향신문(2008년~2009년초, 주1회 〈이상범의 디카시〉를 오피니언 난〈사설이 실린 난〉에 1년여 칼라로 발표한 시詩 중 50편을 가려 시집에 수록) / 『한국시조작품상 수상작품집 (21명 • 20년간)출간, 한국시조사 대표 이상범 시상施賞(고요아침출판사) / 2012년 『햇살시경詩經』 디카시집 • 3(동학사) / 2013년 『한국대표명시선100 화엄벌판 이상범』(시인생각출판사) / 2014년 『하늘색 점등인』 디카시집 • 4(고요아침출판사) / 2016년 『초록 세상 • 하늘 궁궐』 디카시집 • 5(고요아침출판사) / 2017년 『쇠기러기 설악을 날다』 디카시집 • 6(해드림출판사) / 2018년 '푸득이면 날개가 되는' 디카시집 • 7(해드림출판사) / 2019년 『녹차綠茶를 들며』 디카시집 • 8(해드림출판사) / 2021년 『보리수의 영가』 디카시집 • 9(해드림출판사)

보리수의 영가

초판 1쇄 인쇄 | 2021년 06월 10일
지은이 | 이상범
펴낸이 | 이재욱(필명:이승훈)
펴낸곳 | 해드림출판사
주 소 | 서울 영등포구 경인로82길 3-4(문래동1가 39)
센터플러스빌딩 1004호(07371)
전 화 | 02-2612-5552
팩 스 | 02-2688-5568
E-mail | jlee5059@hanmail.net

등록번호 제2013-000076
등록일자 2008년 9월 29일

ISBN 979-11-5634-458-2

이상범 시집

보리수의 靈歌(영가)

해드림출판사

일 만 트위터와 소리 없는 대화
•
디카시의 독자 예술 유입 기능

디카시에 눈을 뜬 지 15년, 작은 소모품의 디지털카메라를 들고 숲과 산, 그리고 야생화를 찾아 풍경을 누비고 다녔다. 뜨거운 한여름에 높은 곳을 찍다 핑하고 쓰러지기도 했다. 다행히 몸은 크게 상하지 않았다. 돌이라도 있었다면 위험했을 수도 있었다. 그 뒤로 조심하고 다닌다.

각설하고 이번의 디카시집 『보리수의 영가』를 아홉 번째로 출간한다. 새로운 사진과 별난 소재의 사진은 디카시의 새로움에 많은 도움을 준다. 전철이나 장거리 버스를 타면 99%의 승객이 휴대폰을 들고 있음을 본다. 시도 소설도 뉴스도 휴대폰으로 해결한다. 요령만 터득하면 얼마든지 볼 수가 있다. 나의 경우, 네이버에서 본인의 트위터가 얼마나 되는지도 알려준다. 그전에 5천이던 것이 요즘 보니 1만 명으로 늘어났다. 얼마 전에 차茶 시집을 몽땅 올려놨더니 트위터가 배로 늘어난 모

양, 그러니 그들 트위터가 열 번을 퍼가면 10만 명이 퍼 간다는 걸 알 수가 있었다. 사진과 시를 퍼 가기에 가장 좋은 건 시조가 단수單首일 때가 제일 좋다고 했다. 한 번에 바로 퍼 갈 수가 있기 때문이다. 아무튼 젊은 층과 무언의 속삭임이 있는 셈이다. 그것도 아흔을 바라보는 연륜에도 그들 트위터와 대화는 끈을 달고 있다고 봐야 한다. 젊은이를 시의 길로 끌어들이는 수단이 되기도 한다. 디지털 시대에 즐겁게 시를 접하는 방법이 디카시란 시의 전달 수단이자 기법이라 여기고 있다.

특히 해드림출판사의 이승훈 사장님께 고마운 마음을 지닌다. 독자에게 늘 퍼 가기 좋게 식욕이 감도는 서비스를 하고 있기 때문이다. 감사할 따름이다.

이상범

2021년 5월 30일

차례

II

III

Ⅳ

I

새벽 제주시 근교 풍경

제주 할망 사투리

사투리가 스멀스멀

해송 숲에 들어가신다

안개 걸친 사투리가

밭을 매러 나오신다

사투리 항파두리* 바람

문득 흩고 가신다.

*항파두리 : 삼별초의 난, 항몽유적지.

둥근 잎 유홍초

분홍 남산 타워

시골서 올라온 내외

타워 찾아 사진 찍고

난 디카시 사진 전시*

말미 내어 서울을 담았다

해방촌 가난 이긴 원력

분홍색을 분사한다.

*'문학의 집 서울'은 남산에 있고, 사진 전시.

꽃지해수욕장에서 건진 돌

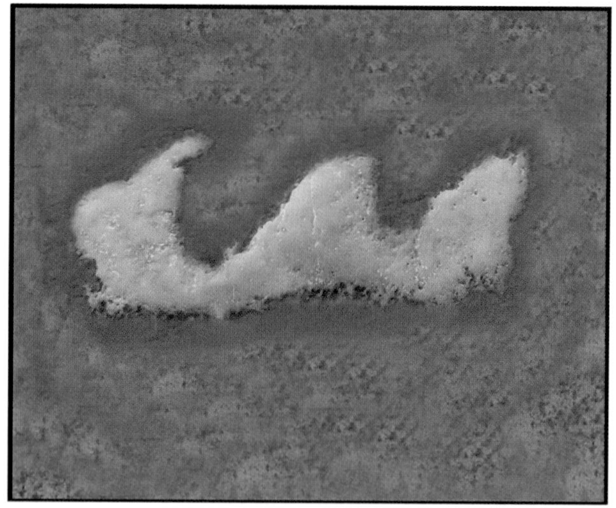

바다에서 건진 산山

꽂지에서 건져 올린 산

왜 바다에 빠졌을까

천지가 개벽한 날

산이 바다에 뛰어들어

몇 만 년 지나 잊힐까봐

예서체로 머리 든 산山.

배풍등 꽃

미사일 발사대

요즘 미사일 발사

자주 듣는 말이다

소형 발사대의

시범을 보이는 풍등

육 문을 연달라 쏘아 올릴

혹여 그런 영상일까.

은사시나무와 하모니카 연주

하모니카 연주

까만 옷을 걸친 채

노란 풍경 더딘 걸음

하모니카 불며 가는

경쾌한 리듬과 발자국

하얀 피皮 은사시 나뭇잎

나풀대는 노란 음보.

보송한 가슬송

솜털 보송한 분홍

가솔송은 흰색이거나

붉은색의 작은 초롱

그래도 중간색이면

더더욱 어여쁘고

그것도 보송한 분홍

줄무늬가 제일 곱다.

저자 그림, 옛날 증산역과 구절리를 달리던 두 칸 차 비둘기호

눈꽃 열차

증산역 발 구절리행

두 칸 차 비둘기호

강릉까지 내왕한 피로

장홍정의 졸리운 눈

눈바람 뚫고 가는 경적

조는 짐짝 자반 꾸러미.

식충식물, 네펜테스

먹이통 둘러메고

어미의 몸체에서

줄을 통해 양분을 받고

벌레잡이 통을 메고

끈끈이로 잡는 먹이

그래도 성이 안 차는지

쪼고 있을 저 부리.

외등과 초승달, 그리고 옥탑방

옥탑 방

가난해도 문만 열면

외등과 초승달 곱고

남에게 폐 안 끼치고

홀가분한 삶이지만

한 겨울 매운 칼바람

비수의 달 아프단다.

하트처럼 생긴 몸체에서 핀『축전』꽃

화환, 어머니 꽃

축전은 자잘한 눈물 꽃

조철호 시인 채송화 꽃

자디잔 사랑이 쌓여

화환이 된 어머니 꽃

하트의 우주만 한 사랑

하얀 주름 어머니 꽃.

인왕산이 보이는 서울 풍경

서울 • 인왕산

남산에서 바라보면

성城 안 경계 울타리 산

태백 혼줄 타고 내려

인왕산 호랑이 으르렁…

지금은 점심 먹고 오를

나지막한 인왕산.

태풍 뒤 기창서 바라본 하늘과 수평

기창 풍경

제주엔 아직 높은 파도

태풍이 막 지나갔다

제주에 도착하니

비바람이 남아 있었다

이튿날 날개 보이는 기창

태풍에 씻긴 하얀 수평.

가을 강, 단풍과 소풍

가을 강 • 단풍 • 소풍

유치원 아기들의

가을 강변 소풍 길

아기들은 눈부신 단풍

잡은 손 환한 걸음걸이

눈 잠깐 스치는 붉은빛

한 생애를 물들이리.

창녕의 우포늪을 상상한 저자의 디자인 그림

연잎 • 달팽이 • 달

-우포의 노래

등 굽은 노老 지휘자

달팽이가 연주한다

지휘봉의 촉수 끝에

늪은 잠시 휘감기고

한 생을 다한 연주 끝에

달도 멀리 물러섰다.

거미줄의 이슬

거미줄과 이슬

거미의 집짓기 끝나자

먹이 아닌 이슬이 매달렸다

중심에 자리한 거미

실비 맞고 꼼짝 않는다

영상을 찍는 나에겐

총총 이슬 영롱했다.

가시연 빅토리아

가시연, 빅토리아

하루만 보여주는 백화

다음날은 분홍이다

그래 여왕이 바로

하사한 이름 빅토리아*

흰빛을 씻고 닦은 몸

여왕 되어 앉았다.

*빅토리아 : 영국 여왕

가지에 매달린 연등

붉은 연등

기도는 타오르는

불꽃이라 생각했다

그래서 붉은 연꽃은

불붙는 합장이라 여겼다

저마다 가슴에 품은

발원의 힘 저녁노을.

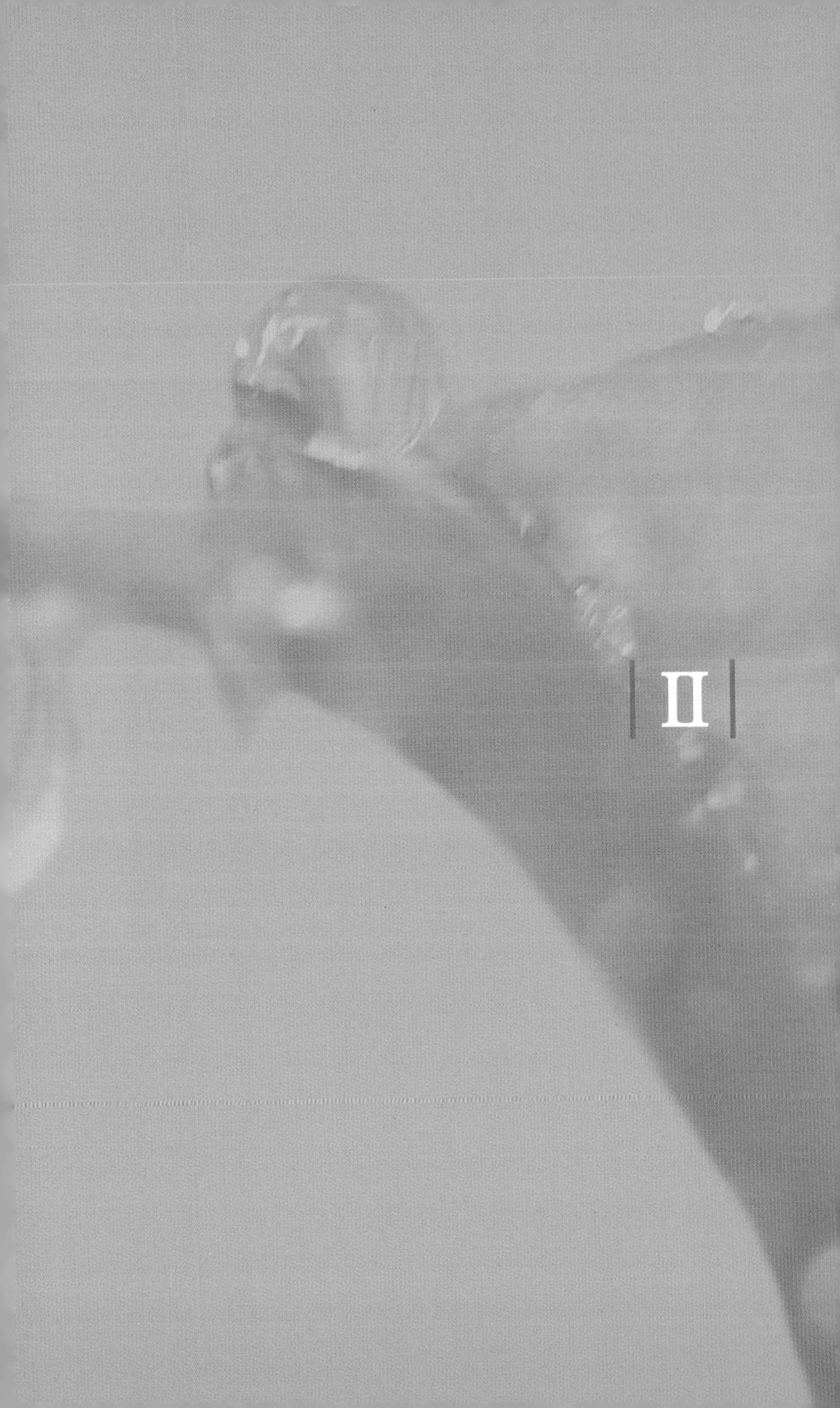
II

파피오페딜럼, 복주머니계의 여왕

복주머니 꽃, 균형미

광릉의 복주머니

백두산의 흰 복주머니

그중에도 흰 복주머니

눈부시게 아름답다

세계가 뽑은 복주머니 꽃

아, 파피오페딜럼….

황장미가 핀 작은 창

황장미의 창

맏며느리 닮은 장미

우람한 한 송이다

기골이 튼실한 나무

자물통 같은 미인

노랗게 켜든 둥근 얼굴

열어젖힌 작은 창.

식물원 지붕에 설치한 꽃잎 우산

꽃잎 우산 춤

식물원의 꽃방 지붕

꽃 우산이 춤을 춘다

분홍 보라 펄럭이며

껑충껑충 뛰고 있다

오월의 우산은 군무群舞

날고 싶은 꽃잎 우산.

회양목 잎의 이슬 한 방울

이슬 한 방울

그렇다 도장나무

둥근 잎에 올라앉은

작은 이슬 한 방울이

엄지 같고 깜찍하다

이슬이 남긴 말 한마디

세상의 끝, 생명 시작.

사이판의 마나가하 섬의 해수욕장

아름다운 해수욕장

하얀 모래 둔덕

연초록의 바다 색깔

난 물에 들지 않고

바라보며 행복했다

그 바다 떠난 지 육 년

눈부신 모래 연록 바다.

붉은 꽃잎 양귀비의 개화

괜한 걱정

초록빛 살모사가

꾸역꾸역 먹이를 삼킨다

좀 크면 대수던가

목 넘기면 스르르 녹는

정글 속 초록 작대기*

그걸 조심해야겠다.

*정글에서는 뱀이 작대기처럼 보이게 하여 먹이를 찾기도 함.

아프리카 카페의 창

아프리카 카페의 창

창 앞에 자리하면

초록이랑 친숙하다

흑인 소녀 기린 목각

곁에 앉아 편안한 생각

그늘 숲 얼비친 조화

풍경 속에 빨려 든다.

저자 펜화, 인수봉

인수봉

인수봉 환한 이마에

봄빛 감기면 따듯한 서울

인수봉 몸통은 부싯돌

빠지지 타는 가을 단풍

인수봉 눈이 쌓이면

눈바람의 뽀얀 연기….

트리안 열매

대화

마음 가라앉히고

훨씬 낮은 음성으로

그래 한 발 물러서서

마주 한 채 귀를 열면

비로소 잘잘못 드러나고

용서하면 대화는 끝.

애기사과

익어가는 애기사과

서서히 초록에서

노랑 분홍 번져가는

애기사과 성숙하여

물드는 정 아름답다

자라는 아기들 재롱

볼이 붉은 옹알이.

다육이 꽃, 리톱스

신발창에 피는 꽃

장화를 사서 신고

구공탄 봉사한 언덕

신발을 깨끗이 씻어

말리고 난 다음 날 아침

친구랑 흘린 땀 아시고

하늘 주신 샛노란 꽃.

괴불주머니

턱걸이 내기

대롱대롱 매달린 채

안간힘을 쓰고 있다

철봉 위에 목을 걸친 채

다리 뻗쳐 기를 쏟았다

결국은 버티고 버티는

형상의 꽃 신비롭다.

자귀나무 꽃망울

주먹 같은 실뭉치

자귀나무 꽃망울이

터질 듯 내미는 주먹

실뭉치 불끈불끈

태권도 선보인다

그 주먹 실끈을 풀면

금세 펴 들 공작 날개.

여리고 연한 장미 잎과 이슬

콰이강의 다리

근사한 아파트 난간

이슬 속에 선명하다

딴은 콰이강의 다리

다리라며 웃고 있다

푸른 강 마름모꼴 교각

곤두 박힌 화면畵面 열차.

평창 동계올림픽 피날레

빛의 원반

색동 접시 빛의 원반

찬란하고 찬란하다

그 원반 엮어 가면

올림픽의 다섯 굴렁쇠

원반을 힘껏 내던지면

밤하늘엔 폭죽 폭죽….

붉은 꽃잎, 두 장

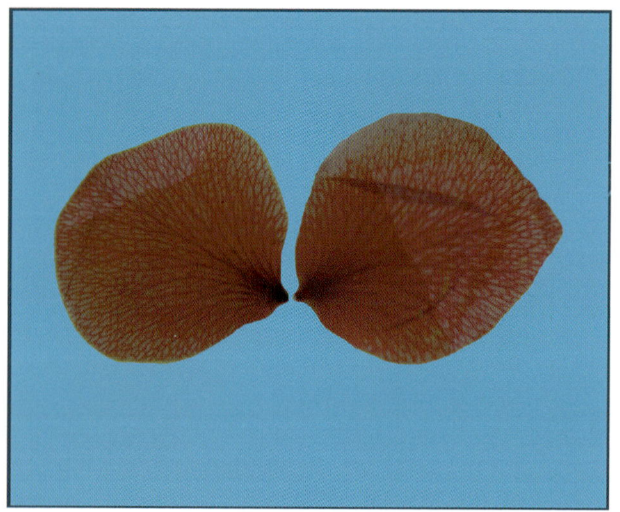

붉은 무늬 열대어

열대어는 빛이 곱고

무늬도 아름답다

물고기의 뽀뽀하는

모습이 어여쁘다

쪽 하고 소리가 날듯이…

뽀뽀 소리 울릴 듯이….

금낭화, 홍과 백

복주머니 새

물 위에 내던지면

헤엄도 칠 것 같다

하늘로 내던지면

머리 뻗고 날 것 같다

붉고 흰 복주머니 새

재물 가득 전해다오.

III

시계초의 어깨동무

시계초의 우정

우리 잠시 꽃으로 태어나

서로 우정 나누는가

꽃술의 시계 바늘

뾜을 맞대 감지하나

시계로 어깨동무하는

식물 사랑 느껍다.

저자 그림, 강화 화문석

강화 화문석

무지개 빛 꿈과 사랑

왕골 겉대 물들이면

시집살이 파도소리

독경 소리 싸잡은 자리

희囍 자 위 물 가르는 비오리

예자 아홉* 화문석.

*예자 아홉 : 여섯 자 아홉자의 화문석 크기

작은 이끼 작은 이슬

이끼나무 소리

솔은 이슬 이끼 나무

키 재기를 하고 있다

바람이 살짝 불면

지잉 징 잉잉 소리

머리가 안 도는 머리 통

일깨우는 하늘 소리….

청색 달개비 꽃

달개비 꽃 엄마

나대고 보채는 아기

달래고 어르는 엄마

잠투정인지 배고픔인지

쩔쩔매는 아기 엄마

아기가 스르르 잠들면

아기 안고 잠을 잔다.

단풍 잎

금붕어

-제주 『생각하는 정원』

숨 깔딱 어려움 딛고

땀으로 일군 돌담 궁전

어쩌다 들리면 성 사장

정교한 돌 성城을 쌓고 있어

십 년 뒤 단풍의 금붕어…

『생각하는 정원』 금붕어….

뜨개질 등燈, 토끼 인형

뜨개질 등, 아기 토끼 인형

주인은 뜨개질 명인

깔끔이가 분명했다

초록 벽에 토끼 인형

어여쁘고 어여쁘다

좀 있다 등장한 인품

낮잡아도 숙부인.*

*숙부인淑夫人 : 정삼품正三品(판서, 현 장관급)의 아내

개화 못한 달개비 꽃

식물 사랑

서리 맞은 달개비 꽃

꽃망울을 열어 봤다

언니가 두 동생을

업고 있는 형국이다

살아서 마지막 어부바

식물 사랑 눈물겹다.

저자 그림, 우포 늪

우포 늪 생각

만년 된 대형 정수기

들고 나는 물길은 몰라

자운영 분홍 숲과

물닭 식구 늪을 누비고

몇만 년 개구리밥 물길

또 몇만 년 흘러갈까.

저자 그림, 평원석

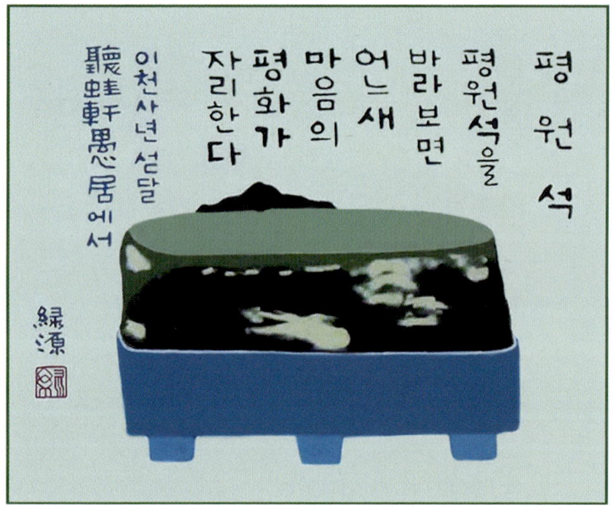

평원석, 그리고 평화

돌밭을 뙤약볕 아래

누비던 때가 있었다

그러나 좋은 돌 한두 개

누구엔가 얻고는 끝냈다

평원석 하나를 그리던 중

먼 평화가 내게 왔다.

백담사 입구 풍경

백담사 입구

백담사 입구 풍력 발전기

핑글핑글 수신호 같았다

내겐 무산 스님 부재중

표시로만 읽혔다

어쩌다 스치는 솔기운도

극락왕생 했나 보다.

신도림역 빌딩 사이 여객기의 하강

여객기와 기도

빌딩과 빌딩 사이

여객기가 하강 한다

빙글빙글 팔랑개비

색동으로 돌고 있다

이 나라 코로나 우환憂患

연착륙을 빌고 있다.

미소년

미소년 이야기

엄마 많이 닮았다고

사람들 하는 말 맞아?

네, 만나는 사람마다

엄마 얼굴 복사했대요

파마도 잘 어울린다지만

글쎄 저는 잘 몰라요.

저자가 친 난

춘란 치기 실습

사군자 중 난 치기는

난 치기 중 춘란 치기이다

한 대궁에 한 송이 꽃

치고 또 치곤 했던 한 때

그 춘란 모아놓은 묶음

수십 년 뒤 다시 핀 꽃.

화개골 산세山勢

화개花開골 산세

벼랑마다 야생 차나무

무더기로 잘 자라고

지리산 내리는 물

좌충우돌 흘러내려

옷깃을 여미는 산세山勢

찻잔 들고 음미한다.

아파트 단지 내의 보리수

보리수의 영가靈歌

보리수 열매는 열애

서로 비춘 먼 땅의 순례

초록 노랑 빨간색은

삼보일배 고행의 미학

합장한 삼색은 반야심경

탁목조의 세상 소리….

저자 그림, 모과

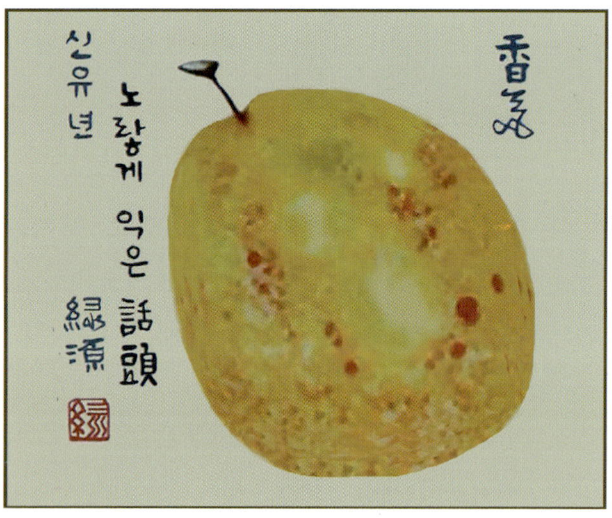

모과 향

-성우 스님께

옛날 파계사 뒤뜰

노란 모과 생각합니다

모과 향 어리는 화두話頭

풀어가는 환한 모습

오늘은 머리맡 모과 향

스님 생각 모과 차.

순천만의 자연생태공원

초록빛 멍석

봄엔 둥근 초록 멍석

가을이면 갈색의 섬

컴퍼스 한 번 돌려

먹어가는 초록 한 마당

연록색 생명의 원반

물수제비 뜨고 있나.

Ⅳ

양귀비 꽃대 이슬

양귀비 꽃대 솜털 이슬

꽃이 붉은 이슬방울

붉은 구슬 잘 빛는다

붉은색 배경에는

익숙한 미美의 화경火鏡

꽃대에 매달린 솜털

네가 미학을 앉혔구나.

수정마을 입구 밤 풍경

수정마을 입구

수정마을 입구의 밤은

바람과 빛의 통로

칠팔십 대 노인네가

열대야를 달래던 곳

이태* 전 밤을 밝히던

삼경 기운 긴 벤치.

*이태 : 2년이라는 우리 말

빛과 꽃으로 조립한 여인

빛으로 조립한 미인

머리는 밤의 불빛

눈썹은 참숯으로

눈은 이슬, 입술은 입술꽃

그러기에 코만 그렸다

욕심과 활력이 넘치는

현대판 저 밝은 미인.

붉은 수련

붉은 수련의 초상

중후한 적색의 깊이

꿋꿋한 연蓮의 입상

유리 집 속 수련의 태態

정 두텁고 촘촘한 심중

의연히 검붉은 연의 초상

뜨건 정열 닮고 싶다.

이슬 속 바탕화면

이슬 속 바탕화면

이슬방울 크기만 한

칩 속의 바탕화면

저장해 두었다가

핸드폰으로 볼 수 있는

그러한 시대가 지금 왔다

마음대로 끌어 쓰는….

넌출월귤 이슬

넌출월귤 이슬의 미학

농익은 붉은빛은

지기 직전 천상의 미美

열매에 매달린 이슬

단정하게 이룩한 광영

이 세상 미의 으뜸을

네가 잠시 보여 준다.

배롱나무 꽃

배롱나무 꽃술

우린 그저 백일홍의

붉은 꽃을 바라본다

배롱나무 금빛 꽃술

흔들리는 영락 소리…

황금의 방울 소리가

귀에 젖어 황홀하다.

꽃댑싸리

꽃댑싸리*

사립문 곁 소복소복

어린시절 댑싸리다

빗자루 만들어 쓰면

봉당은 깨끗했다

지금은 화초 천일홍

분홍 물이 뚝뚝 듣네.

*꽃댑싸리 : 명아주과에 속하는 1년생초.
학명은 'Kochia scoparia'이다.

갈대발

갈대발 그리고 서정

갈대발은 마음 편해

솔바람의 바다였다

발 틈새로 살짝 보인

김 오르는 서정의 무늬

따듯한 작설차 들며

펜화 한 점 남길거나.

붉은 패모

청사초롱 • 쓰개치마

-신윤복 연가 2

캄캄한 그믐밤의

붉은 패모貝母, 청사초롱

길잡이 따라 쓰개치마

스란치마 스치는 소리…

별당의 불 꺼진 선비 창

머리 올릴 어린 기녀妓女.

이슬 속의 노란 튤립

이슬 속의 튤립

튤립이 하도 고와

이슬 속에 넣고 찰칵

방울 속에 잠든 꽃술

몇 년째 꿈을 꾸고

튤립 밭 꿈을 깰 때면

색동 피륙 강물이리.

홑잎 연꽃 상사화

홑잎 연꽃 상사화

잎은 꽃을 꽃은 잎을

보지 못한 보라 연꽃

은은한 아름다움

상사화가 눈이 부셔

상사를 다스려 피워내는

마음 사랑, 천상의 꽃.

흰 꽃 나도 샤프란

흰 꽃 나도 샤프란

꼭지 하얀 꽃망울이

슬며시 올라온 연두빛

꽃을 열면 청순하고

가련한 듯 정갈한 꽃

하얀 꽃 한데 모으면

꽃은 마냥 소곤소곤….

투구꽃

투구꽃

우리 장군 이순신

장수의 투구 쓰시고

노량 해전 갑옷 입고

진두지휘 하였어라

떠나간 장군의 심중

후손들은 오래 아파.

하눌타리(하늘타리, 하늘수박, 과루등, 천선지루) 열매와 꽃

하늘이 준 하눌타리

꽃이 유난히 예뻐

'변치 않는 귀여움'* 꽃

암, 기관지 등 만병 넝쿨

하얀 혈관 닮은 꽃송이…

제주서 문득문득 만나는

하늘 내린 하늘수박.

*'변치 않는 귀여움'은 하눌타리 꽃말

입 안개 꽃 이슬

입 안개 꽃 이슬

불티만 한 꽃과 이슬

눈망울이 수천 개다

실비가 끝날 무렵

해가 뜨니 발광發光이다

악 소리 지를까 말까

빛이 서로 분사한다.

하얀 수련

하얀 수련

순수도 깊디깊은

겹꽃이 주는 엄지 품위

흙탕물 속 거르고 걸러

피워내는 하얀 실토

흰 꽃인 네가 하려는 말

타는 합장 뜨는 자비.

저자의 조각, 자화상

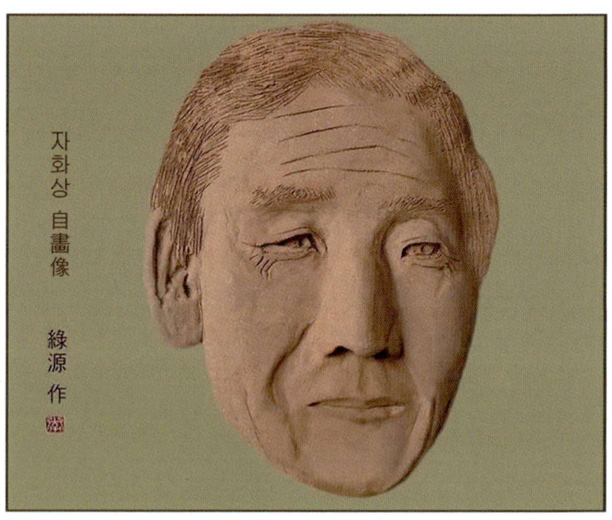

자화상

처음이자 마지막인

흙 반죽과 인물 묘사

꾸덕꾸덕 반 건조 속

칼질하면 뜨는 면상

이제는 초벌구이로

개성 입힌 자화상.

| 발문 |

흰 바탕을 가득 채운 만상(萬象)의 오브제

_이근배(시인·대한민국예술원 회장)

작품 해설

흰 바탕을 가득 채운 만상(萬象)의 오브제

1

붓을 들고 보니 먼저 '회사후소(繪事後素)'란 말이 떠오른다. 그림을 그리려면 먼저 흰 종이, 비단, 캔버스가 마련되어야 한다는 뜻인데 그 풀이는 깊은 경륜과 높은 학력, 성품의 고매함을 갖춘 사람이 큰 뜻을 이룰 수 있다는 것이다. 이 말은 글쓰기에 있어서도 깊이 새길 일이다.

내가 처음 이상범을 만난 것은 거의 예순 해 전 그러니까 1963년이었다. 육군 소위의 앳된 계급장을 가슴에 붙인 군복 차림의 그는 「시조문학」에 시조 추천을 받을 무렵인데 동두천인가에서 주말 휴가를 나와서 종로 금하다방에서 이태극 선생을 뵈옵는 자리에서였다.

그해 한국문인협회 회보 창간호에 실린 명단에 시조

시인이 14명이었을 만큼 한 사람의 신인도 반가웠었다. 재능도 열정도 남달랐던 장교 시인은 1965년 조선일보 신춘문예에 시조 〈일식권〉이 당선되면서 1960년대의 별자리를 차지하게 된다.

마치 어떤 절대자로부터 소명을 받고 태어났다는 듯이 그는 현대시조를 한 단계씩 높이는 데에 뒤를 돌아보지 않고 앞서 달려온 것이다.

시신(詩神)에 홀린 듯 등단 마흔 해를 조금 넘어 스물다섯 권 시조집을 잇달아 펴내더니 2007년 처음 디카시집 『꽃에게 바치다』를 펴내면서 이 나라 시조 1천 년 역사에 시조와 손수 찍은 사진을 짝지은 오래된 미래인 시조의 첨단화에 더욱 창작혼을 태우고 있다.

미증(未曾)의 독창적 개발품이기도 한 '이상범 디카시집'부터 해부해 보자. 이미 자유시, 시조 어느 쪽에서도 그림을 곁들인 시집들은 많이 있었지만, 꽃이거나 어떤 사물을 오브제로 찾아내어 이미지를 렌즈로 포착하고 그 내포성(connotation)을 무한대로 확대하여 작품으로 승화시키는 일은 이상범이 창시자라 하겠다.

어느 시 전문지가 스물다섯 글자 이내로 '시란 무엇인가'를 물어왔을 때 나는 '사람의 생각이 우주의 자장을 뚫고 만물의 언어를 캐내는 것'이라고 얼버무린 일이 있었다. 미켈란젤로는 '당신은 어떻게 그토록 아름다운 조각을 할 수 있는가.'라는 물음에 '조각이라니요. 나는 돌 속에 들어있는 것을 꺼냈을 뿐입니다.'라고 했다고 한다.

가령 이상범에게 '당신은 왜 디카로 사진을 찍는가.'라고 묻는다면 아마도 그는 '모래알 하나에도 우주가 들어있다고 하지 않느냐. 몇 광년 밖의 별을 사람의 눈으로는 볼 수 없는 것, 디지털카메라의 눈으로 순간을 잡아낸 사물을 컴퓨터 안에서 극대화시켜 보노라면 그 안에서 숨쉬고 있는 말이 풀려나오고 있어요.'라고 하지 않을까.

디카시를 보자

불티만 한 꽃과 이슬
눈망울이 수천 개다
실비가 끝날 무렵
해가 뜨니 발광(發光)이다
악 소리 지를까 말까
빛이 서로 분사한다

_'입 안개 꽃 이슬' 전문

제목부터가 네 개의 명사로 구성되어 있다. 입은 화자의 말이고 안개는 하늘과 땅의 기운이며 꽃은 형상을 갖춘 오브제, 이슬은 대상물의 부수적 산물이다. 이것은 풀숲이거나 꽃밭이거나 너무 흔하게 만날 수 있는 지극히 평범한 관계 설정이다. 소월은 〈산유화〉에서 '산에 산에 피는 꽃은 저만치 혼자서 피어있네'로 꽃과 화자와의 공간과 시간의 거리를 둠으로써 그 존재 의미를 확대생산하고 있는데 이상범은 초미세 접근으로 마치 우주

속의 혹성이 폭발하듯이 정물이 멈춰있지 않고 발광체로 빛을 분산시키는 스펙트럼을 눈이 아닌 내면의 감성으로 현상하는 것이다.

2

아주 오랫동안 우리의 모국어는 뜻과 소리가 하나 되어 하늘에 떠돌다가 비바람에 휩쓸리다가 산과 바다를 헤매다가 이 나라 사람들의 머리와 가슴, 입과 입으로 옮아 다니다가 마침내 틀을 갖춘 시가 태어났으니 곧 시조다.

초, 중, 종 삼장의 단수가 원형인 시조는 '현대'라는 모자를 쓰면서 자유시와의 다툼에 밀리지 않기 위해서였던가. 다양성과 복잡성 시대성을 수용한다는 까닭으로 연시조 쪽으로 흐르고 있었다.

그런데 이 몇 해 들어서서 자유시에서도 이른바 극시(極詩)라는 이름으로 짧은 시 쓰기가 일어나고 시조도 단수 짓기로 패러다임이 바뀌고 있다. 이상범의 디카시가 예측불허의 첨단과학 기술에 얹혀 시조(시)의 미래를 열어가는데 하나의 시도이자 가능성을 보여주고 있음을 주시할 필요가 있다.

처음이자 마지막인
흙 반죽의 인물 묘사

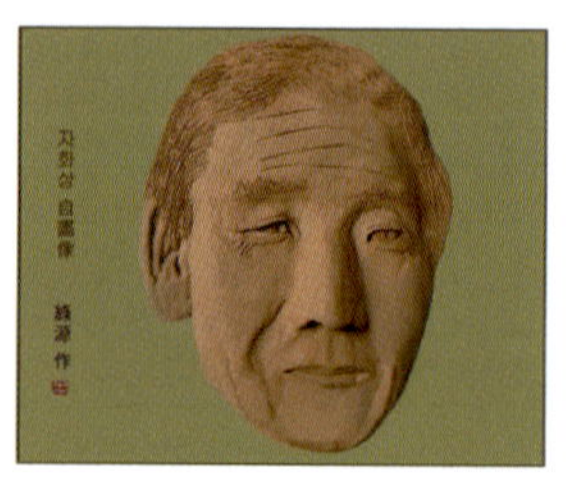

꾸덕꾸덕 반 건조 속
칼질하면 뜨는 면상
이제는 초벌구이로
개성 입힌 자화상

_'자화상' 전문

올해는 현대 조각의 제1세대이자 천재 조각가인 권진규 탄생 아흔아홉 해를 맞는다. 현해탄을 넘나들며 테라코타와 건칠(乾漆)로 얼굴과 흉상을 구워내던 그는 동선동 언덕에 9평 집을 짓고 고독한 작업을 하다가 쉰한 살 나이로 스스로 목숨을 끊어 전설 속으로 돌아갔다.

이 〈자화상〉은 권진규 조각가의 흉상을 모티브로 한 듯, 피가 돌지 않는 초벌구이의 흙덩이에 오히려 영원히 살아남는 생명력을 불어넣고 있다. 서정주는 스물두 살 때 〈자화상〉을 썼고 윤동주도 그 나이 때쯤 〈자화상〉을 썼는데 이상범은 여든을 훌쩍 넘어 한 덩이 마른 흙덩이를 우리 앞에 들이밀고 있다.

마음 가라 앉히고
훨씬 낮은 음성으로
그래 한 발 물러서서
마주 한 채 귀를 열면
비로소 잘잘못 드러내고
용서하면 대화는 끝

_'대화' 전문

산다는 것은 대화의 연속이다. 사람과 사람 사이뿐만 아니라 해, 달, 별, 구름, 산, 바다, 꽃, 나무, 새와 물고기, 가축과 짐승들, 저희끼리도 서로 말을 건네고 사람과도 말을 주고받는다. 시가 어디서 오는가. 사물이 걸어오는 말을 새겨듣고 그 뜻을 옮기는 일이다.

석굴암대불의 귀가 왜 큰 것인가. 동해 일출을 바라보며 바다 밖의 소리들, 물짐승 산짐승의 것들, 바위며 흘러가는 바람이며 구름의 말까지도 모두 알아듣는 귀를 가졌기 때문이리라. 진정한 대화는 나의 말보다는 남의 말을 깊이 새겨듣는 데서 나의 말도 살아나는 것이다.

3

앞글로 돌아가 보자. 그림을 그리기 위해서는 흰 바탕이 먼저 있어야 한다면 시를 쓰기 위해서는 어떤 것이 흰 바탕일까. 북송 때 시인 소동파(蘇東坡)는 당(唐)의 시인이자 화가인 왕유(王維)의 시와 그림을 가리켜 '시 속에 그림이 있고 그림 속에 시가 있다 詩中有畵 畵中有詩'라 했고 조선 세종 때 시인 성간(成侃)은 '시는 소리 내는 그림이요 그림은 소리 내지 않는 시 詩爲有聲畵 畵乃無聲詩'라 일렀다.

이 사화십은 하나이면서 둘이고 둘이면서 하나인 시와 그림(사진)을 대비시켜 시각과 청각의 상승작용을 일으키게 한다.

이슬방울 크기만 한
칩 속의 바탕화면
저장해 두었다가
핸드폰으로 볼 수 있는
그러한 시대가 지금 왔다
마음대로 끌어 쓰는….

_'이슬 속 바탕화면' 전문

하룻밤이 잉태하여 꽃잎 나뭇잎 위에 무수히 산란해 놓은 티 없이 맑고 투명한 이슬방울, 그것은 하늘과 땅이 결합하여 낳은 대자연의 결정체이기도 하다. 아침 한때 햇빛을 받아 찰나의 보석이 되다가 오간 데 없이 소멸하고 마는 그 절정의 순간을 핸드폰의 눈 속에 담아내어 영원으로 잇고 있다.

이슬의 바탕화면은 무슨 빛깔일까. 분명한 것은 흰빛이 아닌 우주만물의 모든 빛깔이 정지되어 있지 않고 끝없이 너울 치면서 이슬 속에다 투영하고 있을 것이다. '그러한 시대가 지금 왔다 / 마음대로 끌어 쓰는……' 이 종장에서 지나간 시대의 어떤 천재적 신필(神筆)들의 붓끝으로는 그려낼 수 없는 오묘 불가사의한 빛과 소리를 스마트폰이라는 기계가 잡아내고 있는 것이다.

자 그러면 이상범의 바탕색은 무엇일까? 저, 항일기에 태어나서 열 살 때 광복을 맞았으니 학교에서 가타카나타라는 남의 나라 문자를 먼저 익혔을 것이고 어려서

부터 모국어에 대한 남다른 사랑이 글쓰기로 이어져 청소년기에 이미 책 읽기와 글쓰기에 첫발을 내딛고 있었을 것이다. 동족상잔의 전쟁을 겪으면서 나라, 겨레에 대한 뼈저린 생각들이 더욱 안으로 끓어올랐으리라.

시인으로 등단하기 전인 스물세 살 때 손수 등사한 시집을 꾸며냈고 군문에 입대 1961년 소위로 임관되면서 휴전선 가까운 전방에서 분단 조국의 시상들로 틈틈이 시조를 써서 60년대 현대시조 중흥의 대열에서 두각을 나타내었었다.

그로부터 60 성상을 헤아리게 되고 세수도 구순을 앞에 두고 있는 원로가 아닌가. '아웃사이더'를 쓴 코린 윌슨은 '나이가 들어야 인생을 안다고 해서 나이를 먹었더니 젊은 날의 감성과 예지는 다 사라진 뒤였다.'라고 했는데 어찌 된 일인지 이상범은 스무 살쩍보다 더 날 선 감성과 예지의 촉각을 세워 '디카시'의 창시자로 광대무변한 지평을 열어가고 있다.

돌밭 뙤약볕 아래
누비던 때가 있었다
그러나 돌은 돌 한두 개
누구인가 얻고 끝냈다
평원석 하나를 그리던 중
면 평화가 내게 왔다

_'평원석, 그리고 평화' 전문

1970년대 중반쯤이었을 것이다. 박두진 선생을 비롯해 많은 문인이 주말이면 남한강 돌밭을 찾았었다. 박두진 선생은 그런 탐석(探石)에서 시상을 뽑아내어 「현대문학」에 〈수석열전(水石列傳)〉 연작시를 쓰셨다. '나는 이 돌들에게서 사상도 얻고 시도 얻었다네' 어느 날 손수 수집하신 수석들 앞에서 내게 주신 말씀이다.

송나라 미불(米芾)은 자연석 벼루를 하나 얻고서 엎드려 큰절을 올렸다 해서 '벼루에 미치고 먹에 바보 되는' 연벽묵치(硯癖墨癡)의 첫 손에 꼽힌다. 추사(秋史)를 비롯해 옛 큰선비들은 시, 서, 화 삼절(三絶)의 아취(雅趣)를 높이 기렸는데 이상범도 오늘의 글동네에서도 삼절의 솜씨를 보여주고 있다. '평원석 하나를 그리던 중 / 먼 평화가 내게 왔다'라는 곧 이상범의 시의 먼 평원이 내다보이고 그의 정신세계가 만상(萬象)과 어우러져 내 나라의 모국어가 꽃피고, 새 울고 바람 불고 눈 내리는 또 하나의 평화 세계를 구현하고 있음을 깨닫게 한다. 더욱 사봉필해(詞峰筆海) 천록영창(天祿永昌) 하시기를 빈다.

이상범 시인 연보

1935년. 충북 진천 이월면 오양산 출생.

1961년. 육군 소위로 임관(육군 보병학교)

1963년. 〈시조문학〉 추천 완료.

1964년. 문공부 주최 예총 주관 제3회 신인예술상 시조부문 신인문학상 수석상 수상.
제1회 이상범 시화전 의정부서 개최, 이상범 중위(시조), 김인중 소위(그림 ~ 神父 화가)

1965년. 조선일보 신춘문예 『일식권』 당선

1967년. 첫 시집 『 일식권』(금자각)을 육필로 출간.

1969년. 제2회 이상범 시화전, 대위 시절 포천 일동에서 개최(본인 시서화)

1973년. 제3회 이상범 시화전, 소령 시절 대구백화점 화랑에서 개최(본인 시서화)

1976년 제2시집 『가을 입문』(분도출판사) 출간.
한국시조시인협회 이사 피선.

1977년. 한국문인협회 이사 피선.
육군 소령으로 국군의무사령부에서 예편.

1979년. 제3시집 『묵향가에 미닫이가에』(우석출판사) 출간.

1980년 제4시집(선집) 『아, 지상은 빛나는 소멸』(문학신조사) 출간.

1983년. 한국문학사 시행 제4회 정운(이영도)시조문학상 수상.

1984년. 한국문인협회 시조분과 회장 피선.

1985년. 제5시집 『꽃 · 화두』(영언문화사) 출간.
이 시집으로 한국문인협회 제22회 한국문학상 수상.

1987년. 이상법 蘭詩 소품전(시서화) 을지로 하늘공원에서 개최
제6시집 蘭 사화집 『하늘의 입김, 땅의 숨결』(청담문학사) 출간.

1987년. 9월 24일, KBS 1TV '11시에 만납시다'에 출연. 1시간, 김동건 아나운서와 시조의 진로와 저변 확대를 대학생과 함께 대담 방영.

1989년. 제7시집(선집) 『시(詩)가 이 지상에 남아』(청학출판사) 출간.
중앙일보 제정 제8회 중앙시조대상 대상 수상
한국문인협회 시조분과 회장에 재선.

1990년. 제8시집 『내 영혼 은(銀)스푼은』(민족과 문학사) 출간.

1991년. 『한국시조』창간호 출간.

1992년. 『한국시조 작품상』 1회 시상으로 20년간, 21명 시상.
민병도 이정환 정해송 백이운 전원범 정수자 오승철 이지엽
이승은 정일근 김일연 박권숙 김광순 박현덕 채천수 김삼환
서숙희 권갑하 강현덕 문순자 이종문(2012년까지) 시인 수상

1993년. 제9시집 『하늘 아래 작은 집』(도서출판 토방) 출간.